1색 자수와 작은 소품

히구치 유미코 디자인·제작
황선영 옮김 | 문수연 감수

이아소

들어가며

한 가지 색으로만 수를 놓아 '1색 자수'라 이름 붙였습니다.

단색이라 초보자도 쉽게 시작할 수 있고,

조금 복잡한 도안도 깔끔하게 완성이 됩니다.

스티치 조합에 따라 느낌이 달라지거나

입체감을 더할 수 있는 것도 1색 자수의 매력이지요.

이 책에서는 누구나 폭넓게 활용할 수 있는

단순한 도안을 함께 소개했습니다.

그리고 도안을 작은 소품으로 완성했습니다.

자수실과 조화가 잘 맞는 리넨을 사용해

부드럽고 기분 좋은 소품이 만들어졌습니다.

그 외에도 크고 작은 다양한 도안을 함께 실었습니다.

그대로 수를 놓아도 되고, 도안 중에 마음에 드는 부분만

골라서 사용할 수도 있습니다.

처음이라 망설여진다면 가장 좋아하는 색으로 심플한 원 포인트 자수부터

시작해보면 어떨까요.

이 책을 통해 한 땀 한 땀 그려가는 자수의 즐거움을 느끼실 수 있다면 좋겠습니다.

Contents

Botanical garden	6 / 58	
프레임 파우치	8 / 56	
Floral pattern	10 / 60	
클러치 백	9 / 76	
Night forest	12 / 62	
북 커버	13 / 77	
Mimosa	14 / 63	
모자 타이	15 / 78	
Soft flower	16 / 64	
장식 칼라	17 / 78	
Red tree	18 / 65	
쿠션	19 / 79	
Silhouette of flower	20 / 65	
가든 에이프런	21 / 80	
Coral	22 / 66	
프레임 파우치	23 / 80	
Floral pattern	24 / 67	
헤어밴드	25 / 81	
Ribbon	26 / 66	
미니 프레임 파우치	27 / 82	
Herb garden	28 / 68	
클로스	30 / 83	
Blue tile	31 / 70	
핀 쿠션	31 / 83	

Birds and Tree 기프트 카드	32 / 71 33 / 84	
Snow crystal 보온 주머니	34 / 72 35 / 85	
Paisley 파우치	36 / 73 37 / 86	
Small flower 브로치	38 / 74 38 / 87	
Birds 오너먼트(장식)	39 / 74 39 / 88	
Margaret 사셰(향 주머니)	40 / 72 41 / 88	

Whale 턱받이	42 / 75 43 / 89
Dandelion 티셔츠	44 / 72 45 / 90
Feather 베이비 드레스	46 / 75 47 / 90

How to make

도구 49

실 50

재료 51

스티치와 자수의 기본 52

프레임 소품 만드는 법 56

Botanical garden
Page.58

곤충과 새가 자유롭게 날아다니는 식물원을 이미지화한 도안. 각 모티프를 원 포인트로 수놓아도 멋스럽다.

Botanical garden
프레임 파우치   *Page.56*

모티프가 많은 작품도, 1색의 심플한
기법을 반복하면 깔끔하게 마무리된다.

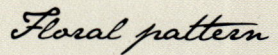

Floral pattern
클러치 백 *Page.76*

도안의 분위기를 살려, 외출할 때 어울리는 클러치 백을 완성했다. 스프링 금속(바네)을 사용해서 쓰기도 편리하다.

Floral pattern
Page.60

커다란 꽃 도안을 가는 체인 스티치로 곡선을 덧그리듯이 수놓는다.

Night forest
Page.62

북 커버　*Page.77*

고요한 숲에 새가 숨어 있다. 생각에 잠긴 독서 시간, 가만히 곁에 두고 싶은 북 커버.

Mimose
Page.63

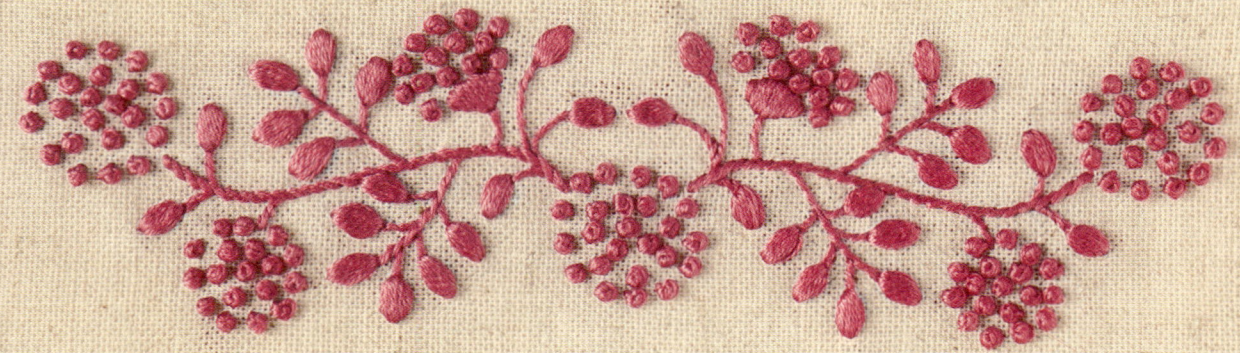

모자 타이 *Page. 78*

한 알 한 알에 볼륨을 주어 작은 미모사
꽃을 표현했다. 밀짚모자에 어울리는
모자 타이.

Soft flower
Page.64

장식 칼라 *Page.78*

온화함이 묻어나는 부드러운 꽃 도안. 흰색 바탕에 청초한 물색을 결합해, 심플하면서도 세련된 장식 칼라를 완성했다.

Red tree
Page.65

쿠션   *Page.79*

2가지 스티치로 그려낸 붉은색 나무.
붉은 실과 원사로 된 천의 조합으로
존재감 있는 쿠션이 탄생했다.

Silhouette of flower
Page.65

가든 에이프런　*Page.80*

큼지막한 포켓에 쭉 뻗은 야릇한 꽃. 정원 가꾸는 시간이 즐거워지는 에이프런.

Coral
Page.66

프레임 파우치 *Page.80*

코럴 레드의 작은 산호를 2가지 스티치로 심플하게 완성했다. 한 개든 두 개든, 자유롭게 수놓아 보자.

Floral pattern
Page.67

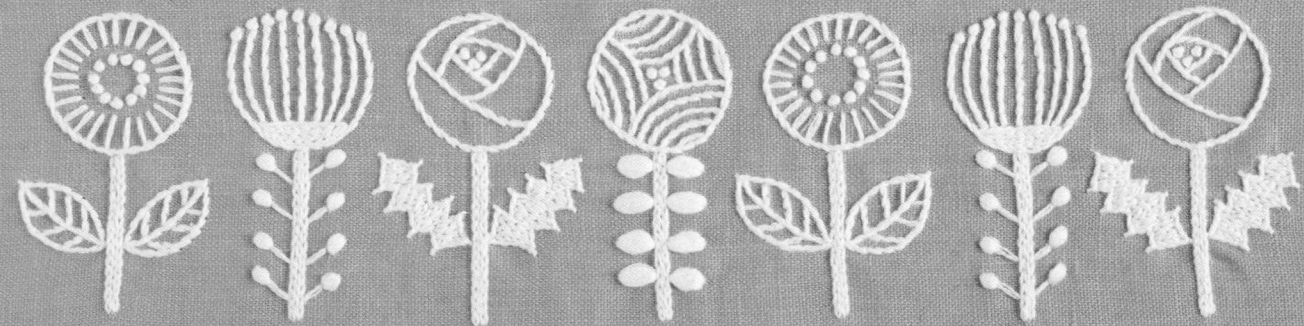

헤어밴드 *Page.81*

도안이 다른 4개의 꽃 패턴. 귀여운 도안도 1색으로 수놓으면 성숙한 느낌으로 완성된다.

미니 프레임 파우치 *Page.82*

심플한 리본 자수를 체인 스티치로 가늘게 빈틈없이 수놓는 것이 포인트

Herb garden
Page.68

가는 허브 잎은 아우트라인 스티치와 체인 스티치로 선을 표현한다.

Herb garden
클로스　*Page.83*

모서리를 포인트로 하든, 전체에 모티프를 분산시켜 수를 놓든, 자유롭게 배치해보자.

Blue tile

핀 쿠션 *Page. 70, 83*

클래식한 타일 무늬를 배합시킨 핀 쿠션. 커다란 체인 스티치로 존재감 있게 완성했다.

Birds and Tree
Page. 71

기프트 카드   Page.84

고전적인 크로스 스티치 도안에서 힌트를 얻어, 나무와 새를 좌우 대칭으로 수놓았다. 소중한 분에게 드리는 기프트 카드로.

Snow crystal
Page.72

보온 주머니　*Page.85*

기하학적 무늬의 눈 결정. 천을 팽팽히
당겨 아웃트라인 스티치부터 수놓는 것
이 요령이다.

Paisley
Page.73

파우치 *Page.86*

꽃 모티프를 넣은 페이즐리 무늬. 주머니 입구를 끈으로 묶는 심플한 파우치로 완성했다.

Small flower

브로치　Page.74, 87

작디작은 볼록한 리본. 실과 천 배색을 다르게 해서 많이 만들어 다양한 컬러로 맘껏 즐겨보자.

Birds

오너먼트(장식)　*Page. 74, 88*

헌 스웨터를 리메이크한 새 장식. 테이블이나 벽장식으로도 좋다. 도안은 Small flower와 같다.

사셰(향 주머니) *Page.88*

가녀린 마거리트 도안도 흑과 백의 배색으로 어른스러운 분위기가 난다. 사셰에는 좋아하는 향을 넣어 보자.

Whale
Page.75

턱받이 *Page.89*

2가지 심플한 스티치로 완성한 고래 턱받이. 출산 축하 선물로 주고 싶은 멋진 작품이다.

Dandelion
Page.72

티셔츠 *Page.90*

티셔츠 가슴에 피어난 민들레. 굵은 실로 볼륨감을 주면 원 포인트로도 충분하다.

Feather
Page.75

베이비 드레스 *Page.90*

드레스 자락에서 나풀나풀 춤추는 깃털.
굵은 아우트라인 스티치를 축으로, 깃털
한 가닥 한 가닥을 가는 체인 스티치로
표현했다.

How to make

프랑스 자수 기법을 이용한 1색 자수.
아름답게 완성하기 위한 스티치 요령 등 자수의 기본을 소개한다.
도안집과 소품 만드는 방법도 함께 소개한다.

Tools 도구

1. **바늘 & 핀 쿠션**
   끝이 뾰족한 프랑스 자수용 바늘을 준비한다. 25번 자수실의 가닥수에 따라 적합한 바늘이 다르다.

2. **실 자르는 가위**
   끝이 뾰족하고 날이 얇은 타입이 사용하기 편리하다.

3. **송곳**
   자수를 수정할 때 사용하면 편리하다.

4. **실 꿰는 도구**
   바늘구멍에 실 꿰기 힘든 사람에게 유용하다.

5. **자수틀**
   천을 팽팽하게 당겨주는 틀. 틀 크기는 도안 사이즈에 맞춰 사용하는데, 지름 10cm 정도가 적당하다.

6. **초크지**
   도안을 천에 옮기기 위한 복사지. 검은색처럼 짙은 색 천에 옮길 때는 흰색 초크지를 사용한다.

7. **투사지**
   도안을 옮기기 위한 얇은 종이.

8. **셀로판**
   투사지가 찢어지지 않도록 도안을 천에 옮길 때 사용한다.

9. **트레이서**
   도안을 따라 천에 옮길 때 사용한다. 볼펜을 이용해도 된다.

10. **재단 가위**
    잘 드는 천 전용 가위를 준비한다.

Thread 실

25번 자수실이 가장 일반적. 제조사에 따라 색상과 번호가 다르다. 이 책에서 사용한 실은 프랑스의 DMC. 선명한 색상과 고운 질감이 특징이다. 1묶음의 길이는 8m 정도.

실 가닥수에 따라 바늘 굵기를 정한다.

실 가닥수에 따라 바늘을 바꿔주면 훨씬 쉽게 수를 놓을 수 있다. 천의 두께에 따라서도 달라지기 때문에, 클로버 바늘 기준을 소개한다.

25번 자수실	자수바늘
8가닥	3호
6가닥	3·4호
3·4가닥	5·6호
1·2가닥	7~10호

Materials 재료

이 책의 도안 작품과 소품 대부분은 리넨으로 만들었다. 평직의 리넨은 수놓기가 편해 초보자도 다루기 쉽다. 또, 파우치나 클러치 백은 프레임(사진 아래)과 스프링(바네, 사진 오른쪽) 같은 금속을 사용했다.

먼저 리넨을 물에 적신다

리넨은 세탁을 하면 수축하는 특성이 있다. 변형을 막기 위해서는 천을 재단하기 전에 물에 적시도록 한다.

1. 넉넉한 미온수나 물에 여러 시간 담가두었다가 세탁한 뒤 가볍게 탈수시킨다.

2. 그늘에서 말리고, 완전히 마르기 전에 천의 올을 정돈하면서 다림질을 한다.

스티치와 자수의 기본

스티치는 8가지로, 모두 기본적인 것이다.
예쁘게 완성하는 요령도 소개한다.

Straight stitch
스트레이트 스티치

짧은 선을 표현하는 스티치. 나뭇가지 도안에 사용한다.

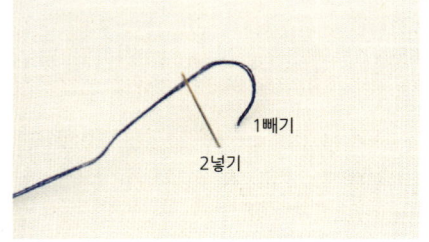

Outline stitch
아우트라인 스티치

테두리에 사용한다. 곡선에서는 가늘게 수놓으면 예쁘게 완성된다.

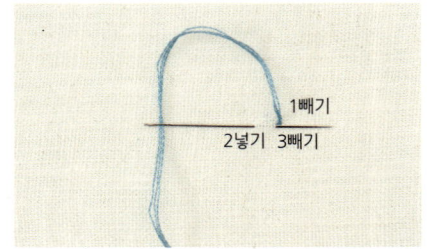

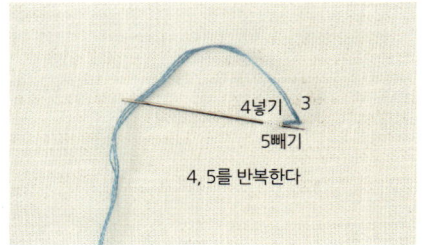

Running stitch
러닝 스티치

이른바 홈질. 'Botanical garden'(p.58)에서만 사용한 스티치이다.

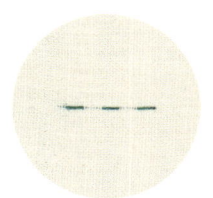

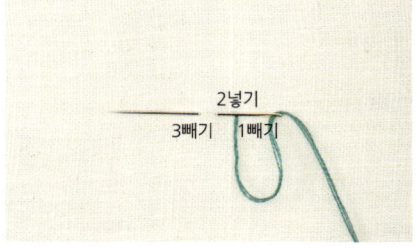

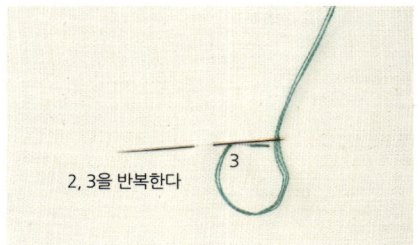

Chain stitch
체인 스티치

실을 세게 당기지 않고, 사슬을 볼록하게 만드는 것이 예쁘게 하는 요령이다.

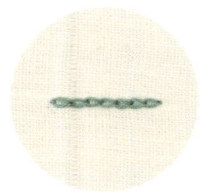

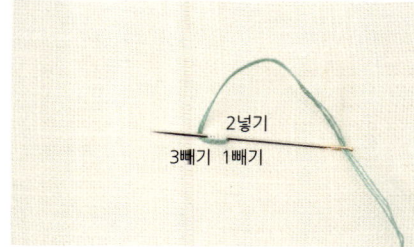

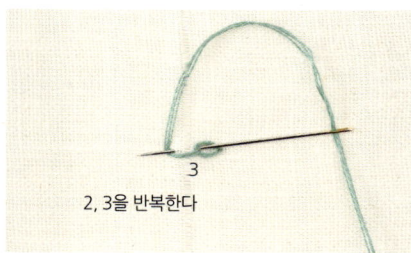

French knot stitch
프렌치 노트 스티치

프렌치 노트 스티치는 기본이 2번 감기. 크기는 실 가닥수로 조절한다.

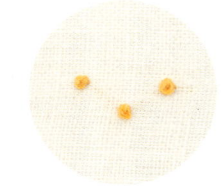

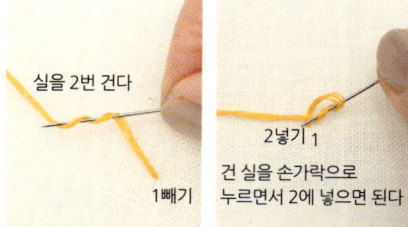

Satin stitch
새틴 스티치

실을 평행으로 건네며 면을 채우는 스티치. 볼륨감을 줄 때 사용한다.

Lazy daisy stitch
레이지 데이지 스티치

작은 꽃의 꽃잎처럼 작은 무늬를 표현할 때 활용하는 스티치.

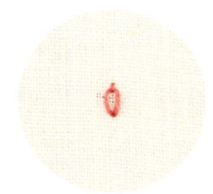

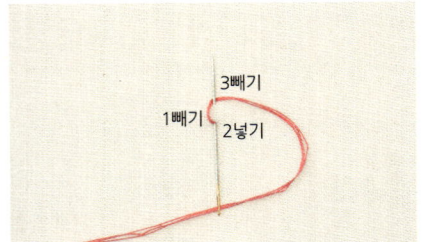

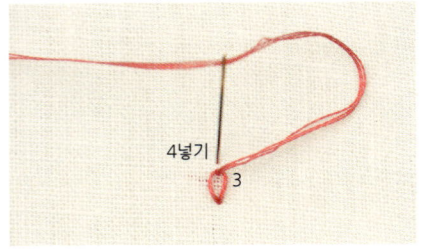

Lazy daisy stitch + Straight stitch
레이지 데이지 스티치 + 스트레이트 스티치

레이지 데이지 중앙에 실을 건네며 볼륨감 있는 원을 표현.

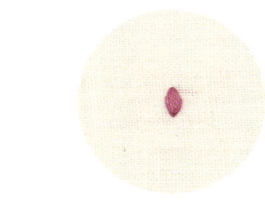

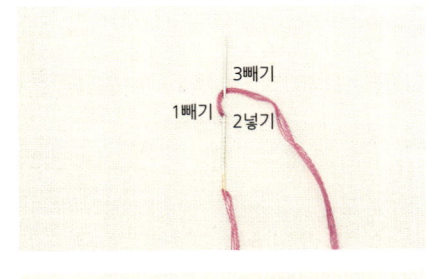

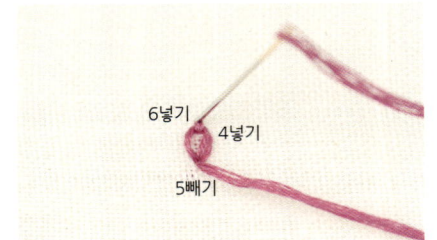

{ 자수 시작과 마무리 }

자수의 시작과 마무리 위치는 따로 정해져 있지 않다. 다만, 소품으로 완성하는 1색 자수는 반드시 구슬매듭을 짓는다.

1cm 이상 바늘땀이 떨어질 때는 반드시 구슬매듭을 짓는다.

도안마다 구슬 매듭을 짓는 것이 기본. 실이 걸리는 것을 막는 데도 효과적이다.

{ 도안 옮기는 법 }

먼저 천에 도안을 옮기는 일부터 시작하자. 도안은 천의 세로 실과 가로 실에 맞춰 배치한다.

1 도안에 투사지를 올리고, 옮긴다.

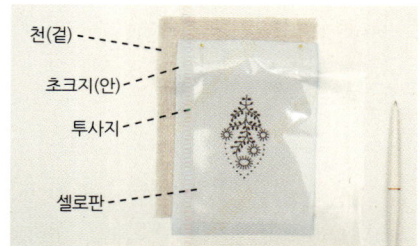

2 사진 순서대로 겹치고 시침핀으로 고정시킨 뒤, 트레이서로 도안을 덧그린다.

{ 실 다루는 법 }

지정된 가닥수를 1가닥씩 잡아 빼고 가지런히 정돈하여 사용한다. 실 정돈이 고르게 되어야 예쁘게 완성된다.

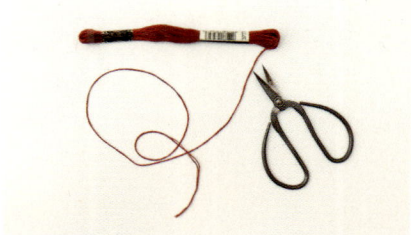

1 60cm 정도의 길이로 잡아 빼고 실을 자른다.

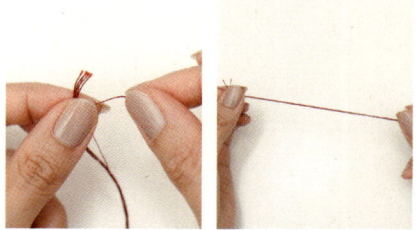

2 꼬아져 있는 실에서 1가닥씩 필요한 가닥수를 빼고 가지런히 정돈한다.

{ 면을 예쁘게 메우는 법 }

체인 스티치와 프렌치 노트 스티치로 면을 메울 경우, 빈틈이 생기지 않도록 주의한다.

1 도안의 윤곽을 수놓는다.

2 윤곽을 따라가며 둘째 열, 셋째 열 이렇게 바깥쪽에서 중심을 향해 수를 놓는다.

프레임 소품 만드는 법

Botanical garden
프레임 파우치

Page. 8

[완성 사이즈]
22 × 12cm

[25번 자수실]
DMC 336 — 4묶음

[재료]
겉감: 리넨(흰색) — 30 × 30cm
안감: 리넨(베이지) — 30 × 30cm
폭 18cm 프레임(7.5 × 18cm) 검은색 — 1개
종이끈: 적당량

[도구]
프레임 장치용
목공용 본드
송곳 또는 일자드라이버
펜치

1 겉감의 겉쪽에는 도안, 안쪽에 패턴(p.91)을 대고 옮긴 다음, 천을 재단하기 전에 수를 놓는다.

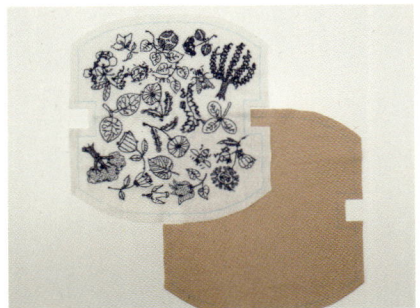

2 시접 1cm를 남기고 천을 재단한다. 안감도 같은 방법으로 시접을 남기고 재단한다.

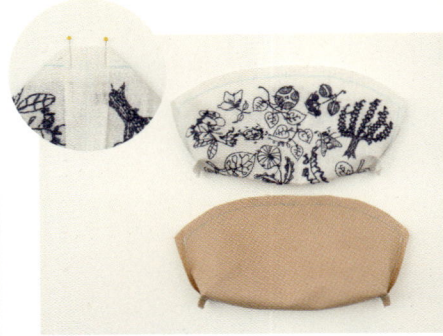

3 겉감의 양옆을 박고 시접을 가른 다음, 밑쪽 끝을 세로로 누르고 바닥면을 박는다. 안감도 같은 방법으로 양옆과 바닥면을 박는다.

4 겉주머니와 안주머니를 겉끼리 맞댄 다음, 모양을 정돈해서 시침핀으로 고정시킨다.

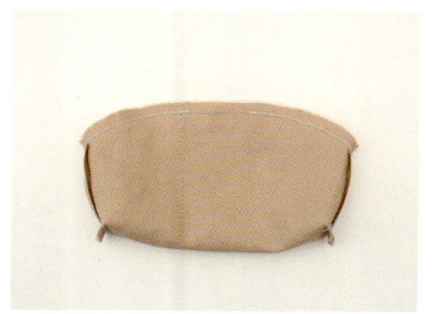

5 창구멍을 5cm 정도 남기고, 주머니 입구를 빙 둘러 박는다.

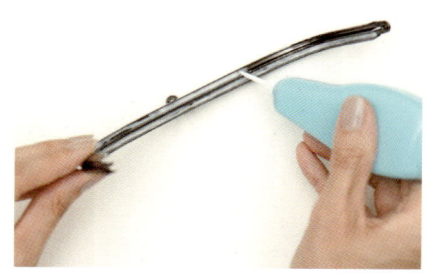

7 프레임 금속의 안쪽에 목공용 본드를 바른다. 본드는 안과 옆면까지 구석구석 바른다.

9 프레임 길이보다 약간 짧게 자른 종이끈을 금속 안쪽으로 밀어 넣는다. 넣기 힘든 경우에는 종이끈을 풀고 찢어서 넣어도 괜찮다.

6 창구멍을 통해 겉으로 뒤집고, 모양을 정돈한 다음, 주머니 입구에서 0.2cm 되는 위치를 박는다. 이때 끝에서 2, 3cm는 박지 않는다.

8 금속과 주머니 중심을 맞추고, 주머니 입구를 금속 안쪽으로 끼워 넣는다. 이때 주머니 입구가 금속 안까지 들어가도록 넣는다.

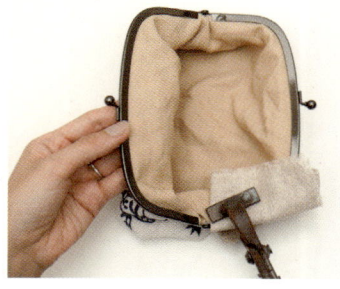

10 펜치에 천 조각을 끼우고 금속 끝을 조인다. 목공용 본드가 마를 때까지 그대로 둔다.

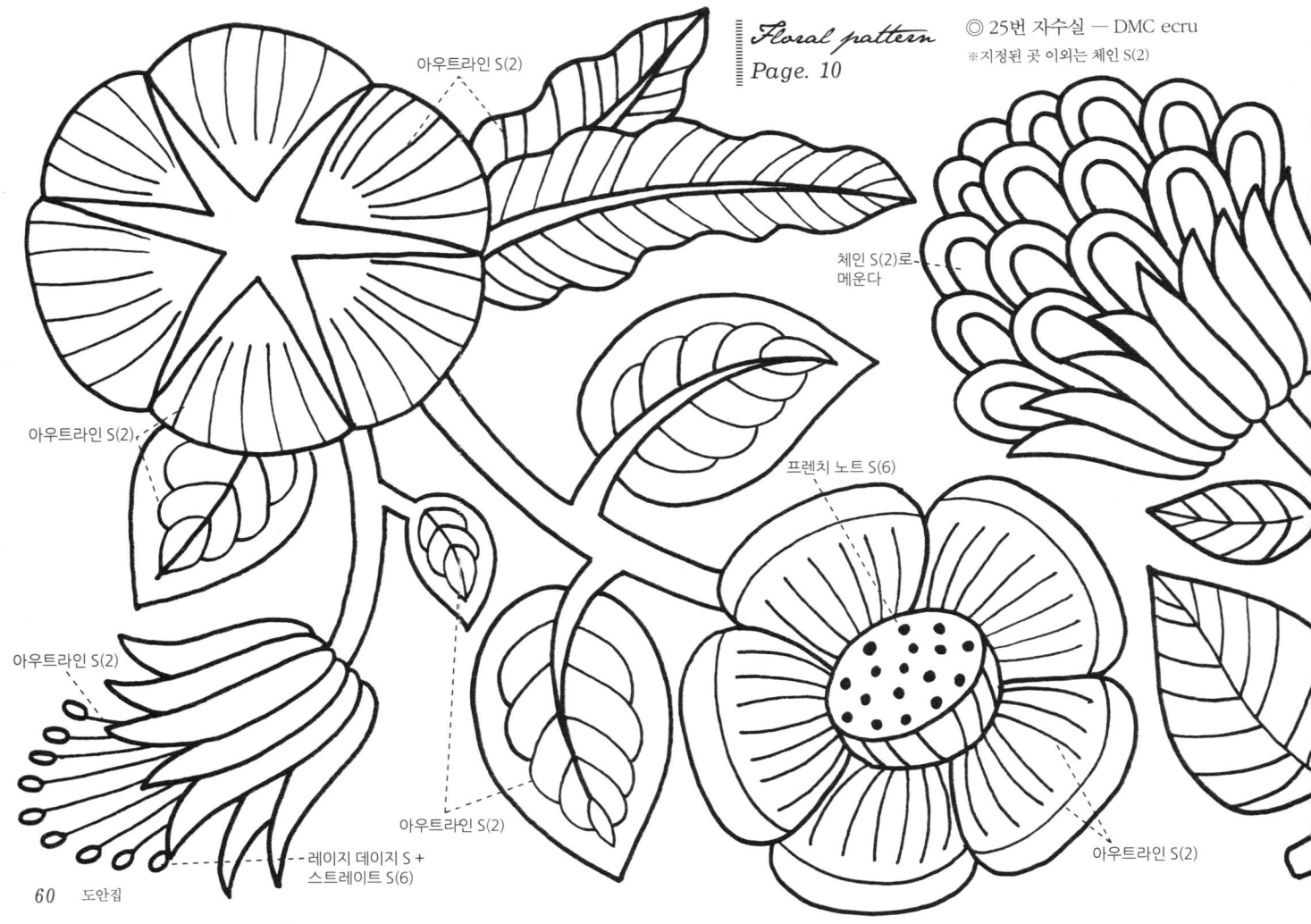

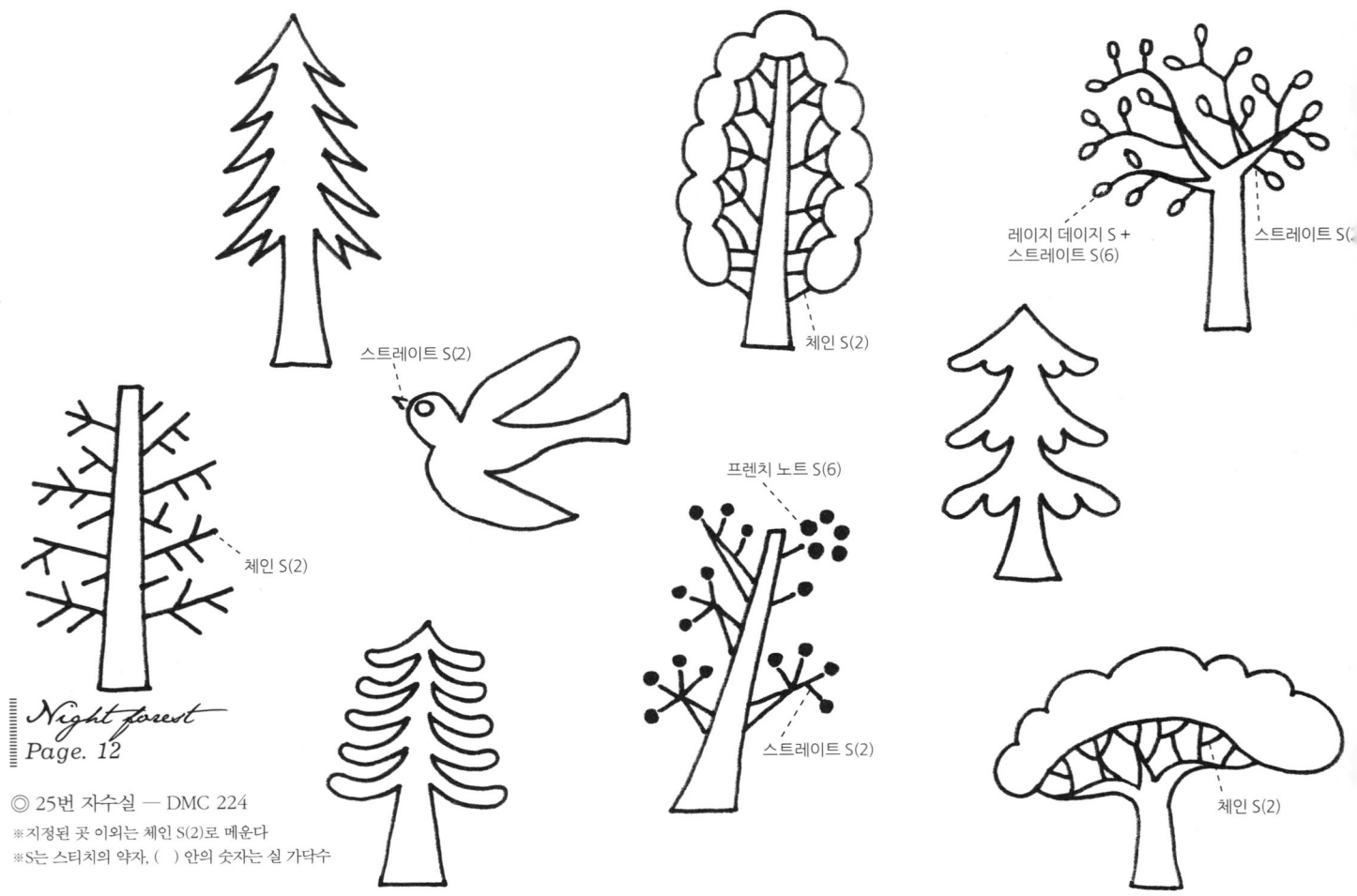

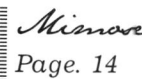

Mimose
Page. 14

◎ 25번 자수실 — DMC 3687

※지정된 곳 이외는 아우트라인 S(3)

※S는 스티치의 약자, (　) 안의 숫자는 실 가닥수

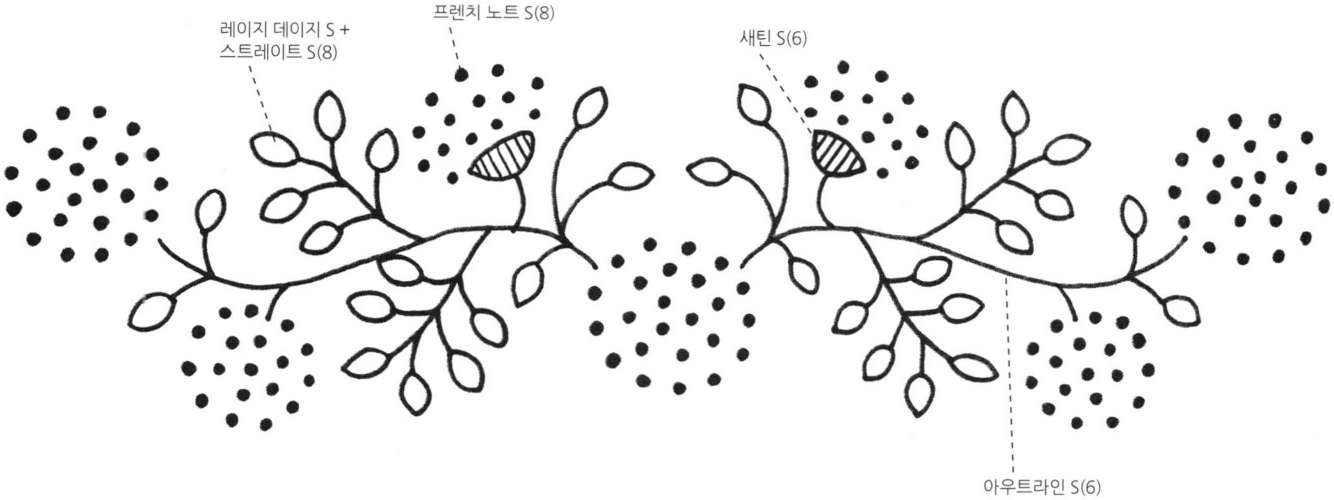

프렌치 노트 S(8)
레이지 데이지 S +
스트레이트 S(8)
새틴 S(6)
아우트라인 S(6)

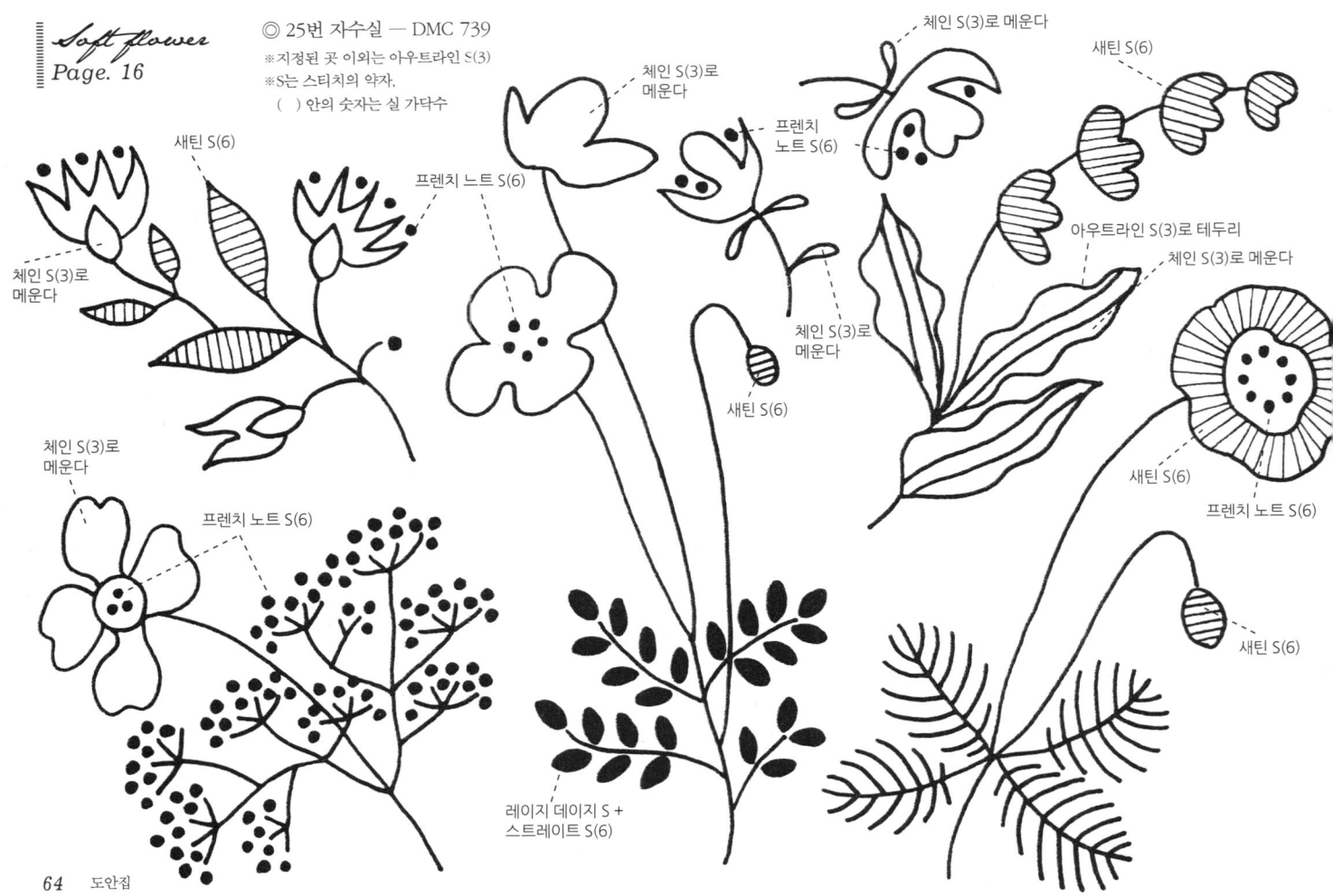

Red tree
Page. 18

◎ 25번 자수실 — DMC 3777
※S는 스티치의 약자, ( ) 안의 숫자는 실 가닥수

아우트라인 S(2)

체인 S(2)로 메운다

Silhouette of flower
Page. 20

◎ 25번 자수실 — DMC 758
※S는 스티치의 약자, ( ) 안의 숫자는 실 가닥수

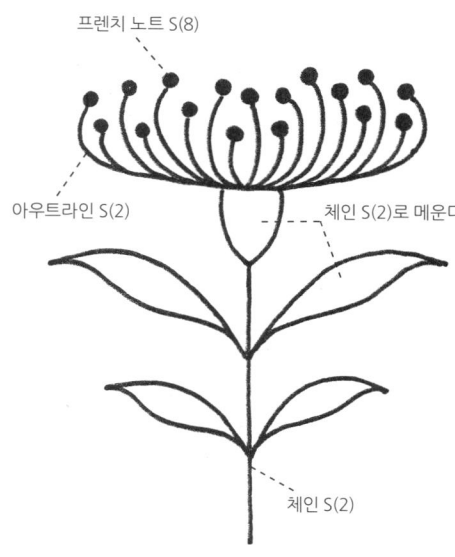

프렌치 노트 S(8)

아우트라인 S(2)

체인 S(2)로 메운다

체인 S(2)

Coral
Page. 22

◎ 25번 자수실 — DMC 347
※S는 스티치의 약자, ( ) 안의 숫자는 실 가닥수

아웃라인 S(3)
체인 S(3)로 메운다

아웃라인 S(3)
체인 S(3)로 메운다

Ribbon
Page. 26

◎ 25번 자수실 — DMC 739
※미니 프레임 파우치(P. 27)의 패턴 첨부
※S는 스티치의 약자, ( ) 안의 숫자는 실 가닥수

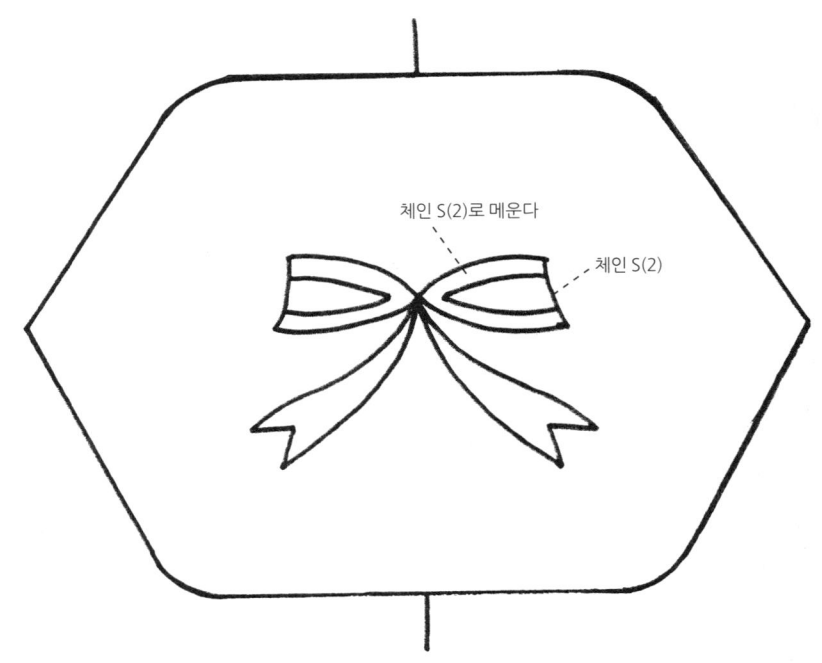

체인 S(2)로 메운다
체인 S(2)

Floral pattern
Page. 24

◎ 25번 자수실 — DMC B5200
※지정된 곳 이외는 3가닥
※S는 스티치의 약자, ( ) 안의 숫자는 실 가닥수

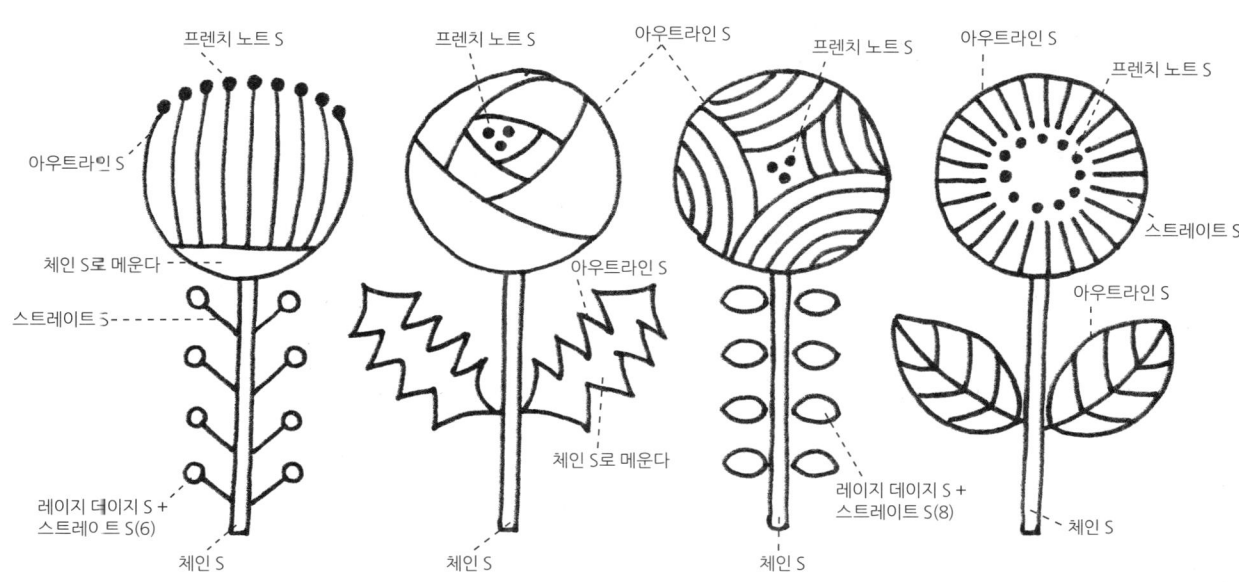

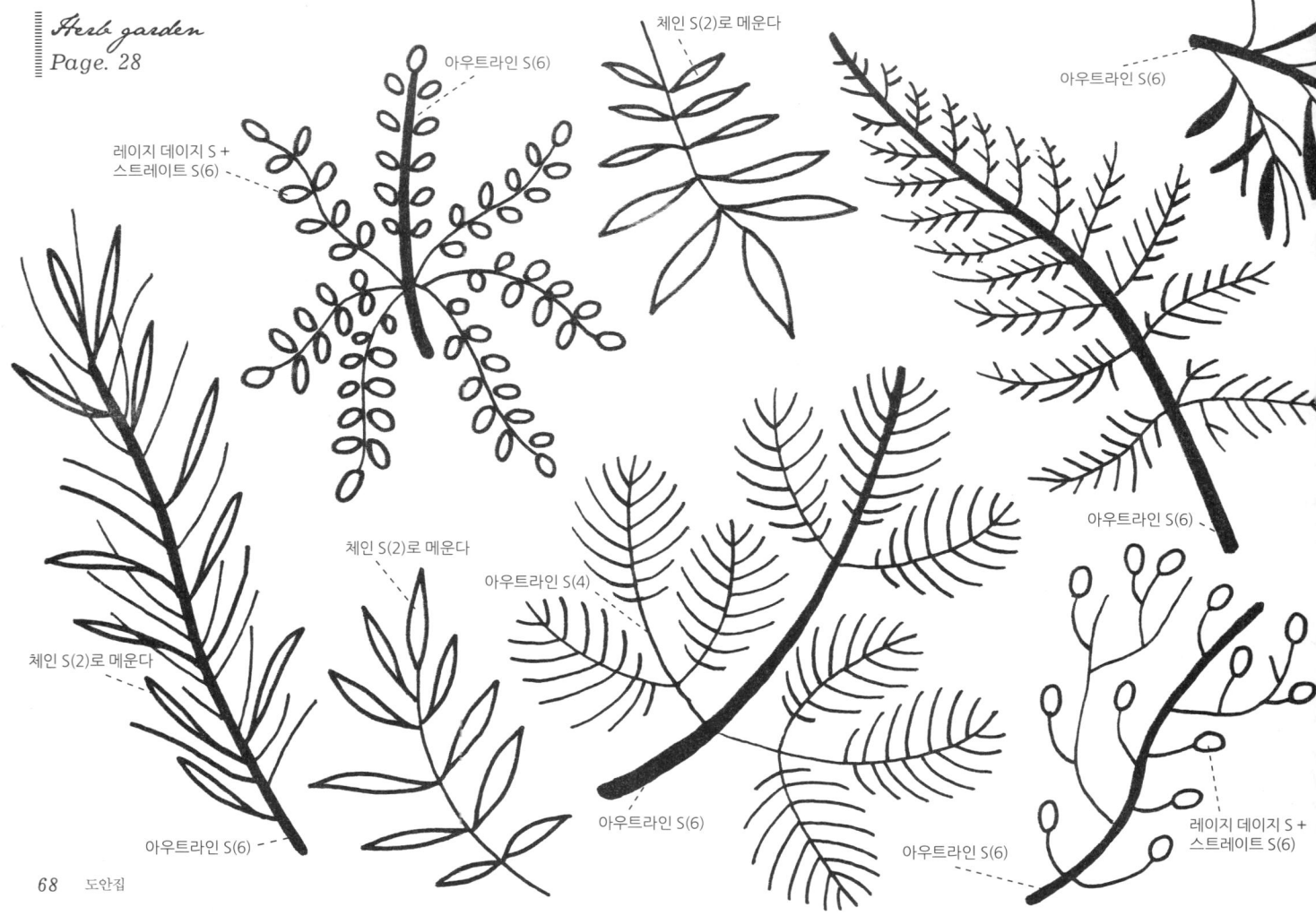

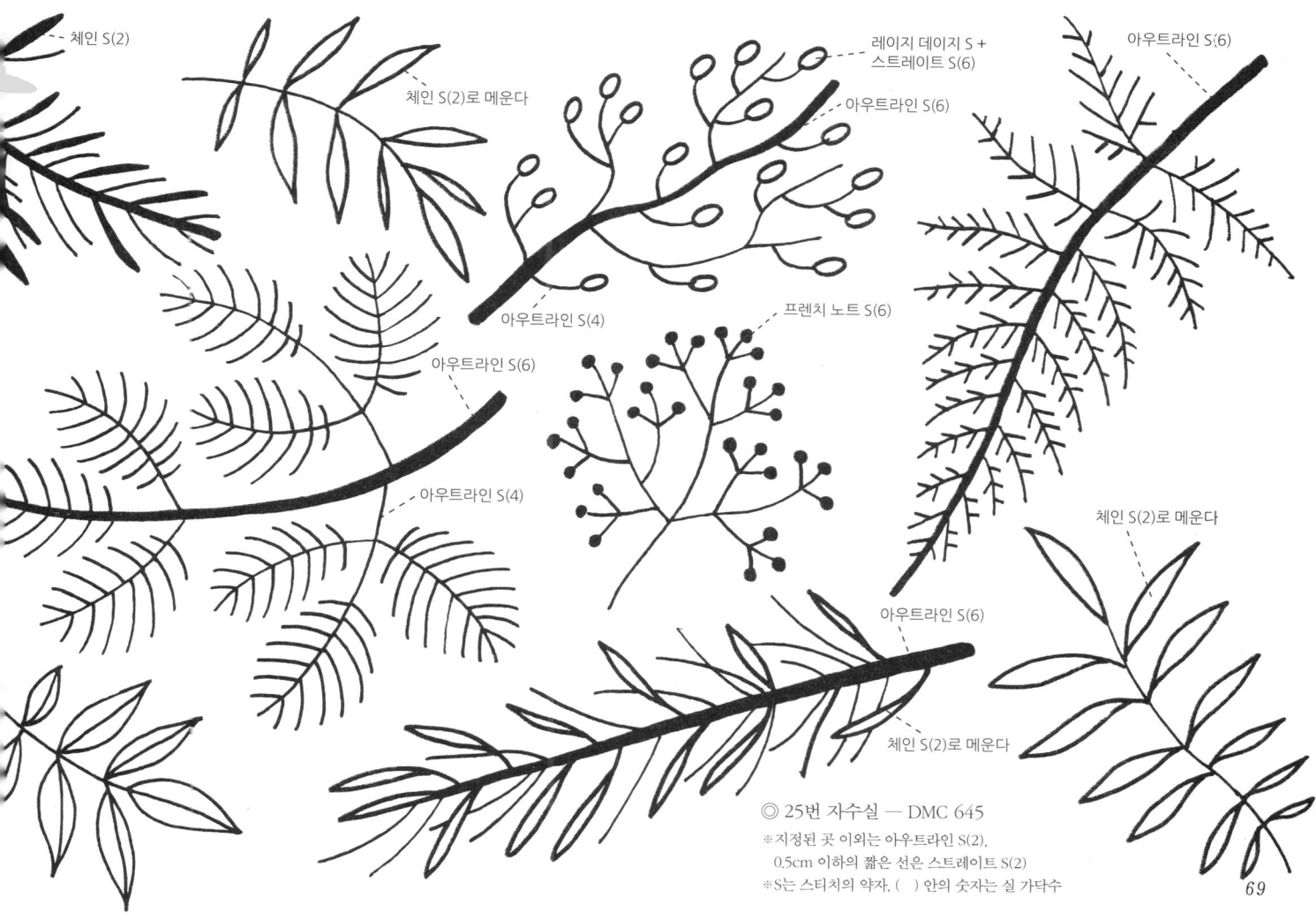

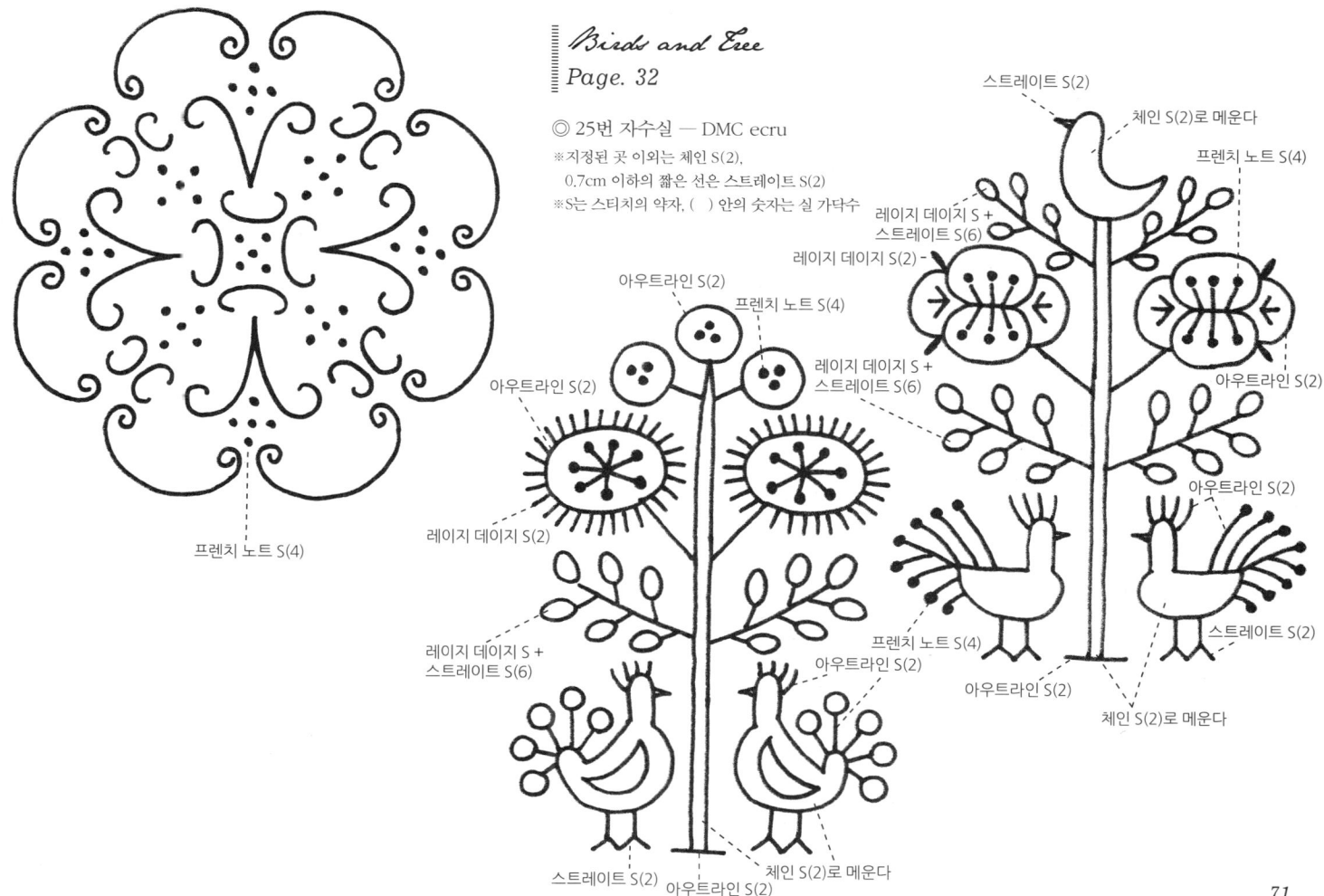

Snow crystal
Page. 34

◎ 25번 자수실 — DMC ecru
※지정된 곳 이외는 아우트라인 S(2)
※S는 스티치의 약자, ( ) 안의 숫자는 실 가닥수

Margaret
Page. 40

◎ 25번 자수실 — DMC B5200
※S는 스티치의 약자, ( ) 안의 숫자는 실 가닥수

Dandelion
Page. 44

◎ 25번 자수실 — DMC 3820
※S는 스티치의 약자, ( ) 안의 숫자는 실 가닥수

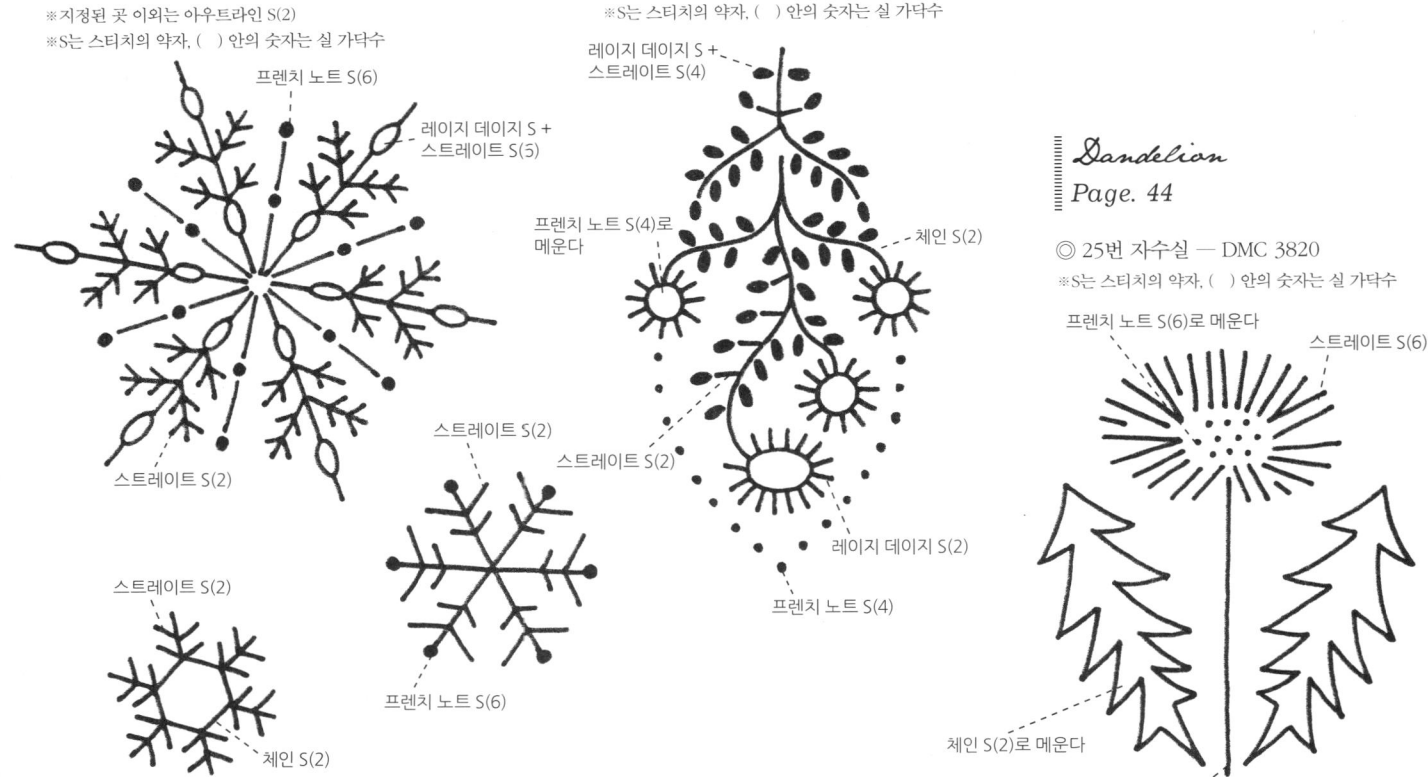

Small flower
Page. 38

◎ 25번 자수실 — A: DMC 996, B: DMC 3687
C: DMC 563, D: DMC 224

※S는 스티치의 약자, ( ) 안의 숫자는 실 가닥수

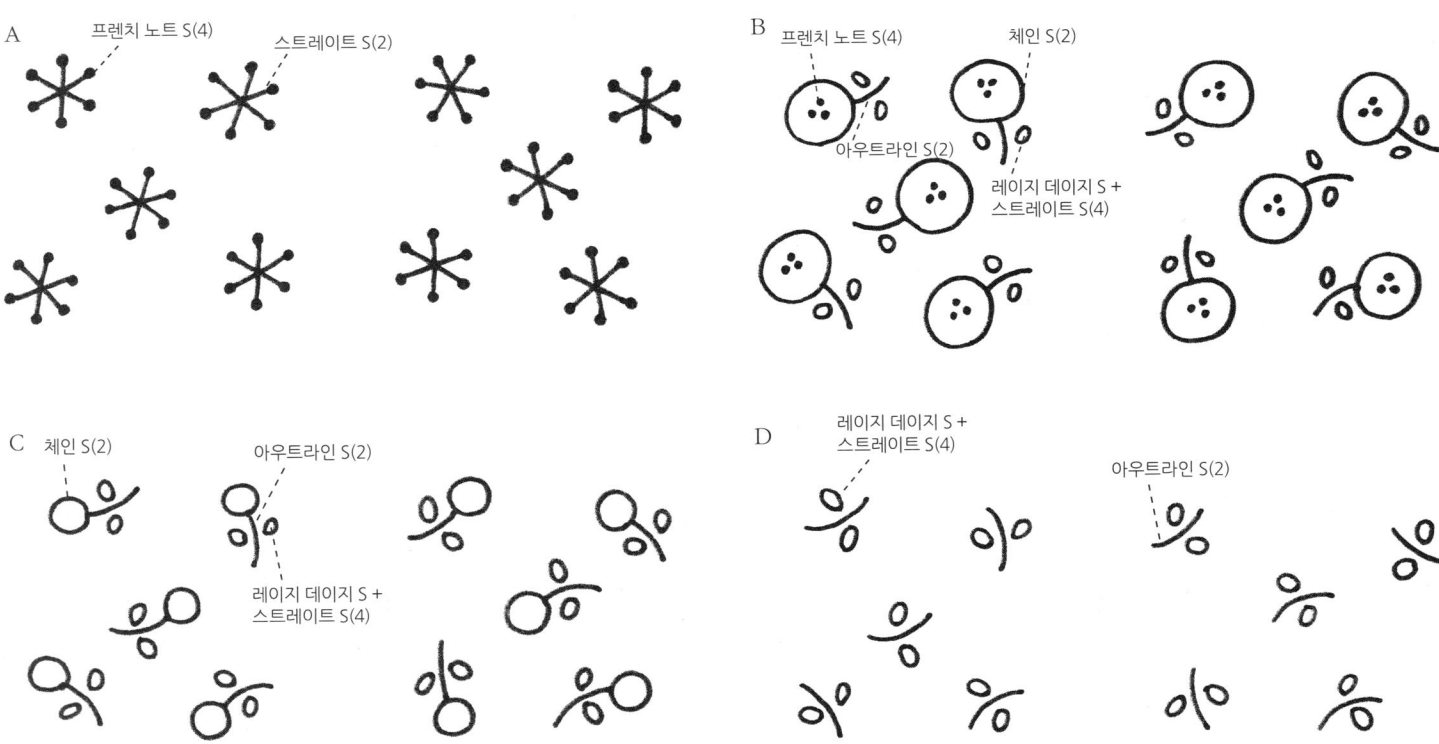

Whale
Page. 42

◎ 25번 자수실 ― DMC 312
※S는 스티치의 약자, ( ) 안의 숫자는 실 가닥수

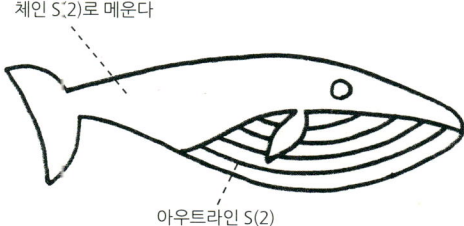

체인 S(2)로 메운다

아우트라인 S(2)

Feather
Page. 46

◎ 25번 자수실 ― DMC 3047
※S는 스티치의 약자, ( ) 안의 숫자는 실 가닥수

체인 S(2)로 메운다

아우트라인 S(6)

Floral pattern
클러치 백

Page. 9

[완성 사이즈]

27 × 18cm

[25번 자수실]

DMC ecru — 4묶음

[재료]

겉감: 리넨(그레이) — 45 × 35cm
안감: 퀼트지(원사) — 45 × 35cm
길이 27cm 스프링 금속(바네) — 1개

[도구]

쇠망치

[만드는 법]

1 겉감의 겉쪽에, 아래 그림의 위치대로 도안(p.60)을 옮기고 수를 놓은 다음, 4변에 시접 1.5cm를 남기고 재단한다.

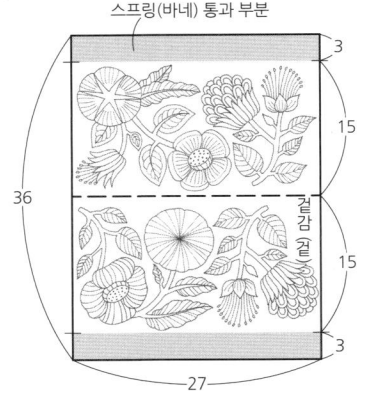

2 1의 겉감을 겉끼리 맞닿게 1번 접고, 스프링(바네) 통과 부분을 남기고 양옆을 박는다. 안감도 같은 방법으로 재단한 다음 양옆을 박는다.

3 2의 안주머니와 겉주머니를 겉끼리 맞대어 창구멍 10cm를 남기고 주머니 입구를 박는다.

4 창구멍을 통해 겉으로 뒤집고, 스프링 통과 부분의 시접을 안쪽으로 접어 넣고, 모양을 정돈한다.

5 위쪽 끝에서 0.3cm와 3cm인 위치를 각각 빙 둘러 박는다.

6 스프링 금속을 주머니 입구에 통과시킨다. 금속의 한쪽 핀을 빼서 천에 걸리지 않도록 주머니 입구에 끼워 넣는다. 다 통과시킨 다음 핀을 부품에 넣고, 쇠망치로 가볍게 두드리면서 끼운다.

Night forest
북 커버

Page. 13

[완성 사이즈]

16 × 30cm (문고판 사이즈)

[25번 자수실]

DMC 939 — 2묶음

[재료]

겉감: 리넨(연핑크) — 20 × 40cm

안감: 리넨(네이비) — 20 × 40cm

폭 2cm 리넨테이프 — 19cm

[만드는 법]

1. 겉감의 겉쪽에, 아래 그림의 위치대로 도안(p.62)을 옮기고 수를 놓은 다음, 4변에 시접 1.5cm를 남기고 재단한다.

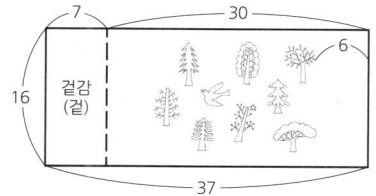

2. 안감도 겉감과 같은 방법으로 시접을 남기고 재단하고, 리넨테이프를 위아래로 끼워 넣으면서 겉감과 안감을 겉끼리 맞대어 창구멍을 5cm 남기고 박는다.

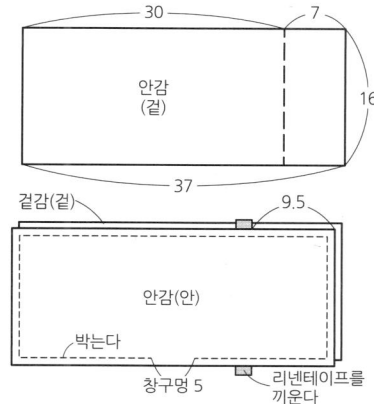

3. 시접을 0.5cm 남기고 재단한다.

4. 3을 창구멍을 통해 겉으로 뒤집고, 모양을 정돈한 다음 창구멍을 감침질해서 막는다.

5. 책의 겉표지가 들어가는 쪽을 7cm 접고, 위아래의 끝에서 0.1~0.2cm 되는 위치를 박는다.

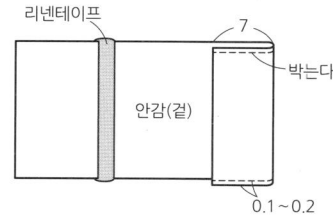

Mimose
모자 타이

Page. 15

[완성 사이즈]

7 × 110cm

[25번 자수실]

DMC ecru — 4묶음

[재료]

겉감: 리넨(네이비) — 20 × 120cm

[만드는 법]

1 겉감의 겉쪽에 아래 그림의 위치대로 도안(p.63)을 옮기고 수를 놓은 다음, 4변에 시접 1.5cm를 남기고 재단한다.

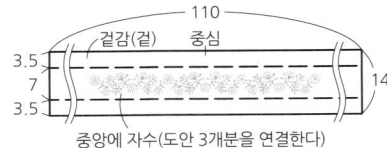

2 1을 세로로 반, 겉끼리 맞닿게 1번 접고, 창구멍 약 5cm를 남기고 긴 변을 박는다.

3 2의 솔기가 중앙이 되도록 다리미를 대서 표시한 다음, 좌우 끝을 패턴(p.92)을 따라 박고, 끝의 시접을 0.5cm 남기고 재단한다. 다시 곡선을 따라 가위집을 넣어 예쁘게 곡선을 완성한다.

4 겉으로 뒤집어 모양을 정돈하고, 창구멍을 감침질해서 막는다.

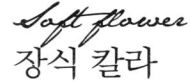
장식 칼라

Page. 17

[완성 사이즈]

17 × 32cm (목둘레 약 38cm)

[25번 자수실]

DMC 932 — 2묶음

[재료]

겉감: 리넨(흰색) — 20 × 35cm

안감: 리넨(원사) — 20 × 35cm

후크 — 1쌍

[만드는 법]

1 겉감의 겉쪽에 도안, 안쪽에 패턴(p.93)을 옮기고 수를 놓은 다음, 시접 1cm를 남기고 재단한다.

2 안감도 겉감과 같은 방법으로 재단하고, 1의 겉감과 겉끼리 맞댄다. 창구멍 10cm를 남기고 박는다.

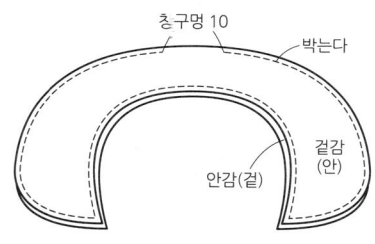

3 시접 0.5cm를 남기고 재단한다. 다시 곡선을 따라 시접에 가위집을 넣어 예쁘게 곡선을 완성한다.

4 창구멍을 통해 겉으로 뒤집고, 창구멍을 감침질해서 막는다.

5 안감에 후크를 단다.

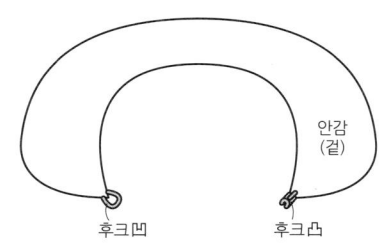

Red tree
쿠션

Page. 19

[완성 사이즈]

32 × 32cm

[25번 자수실]

DMC 3777 — 3묶음

[재료] (1개분)

겉감: 리넨(원사) — 35 × 70cm

이너쿠션 35 × 35cm — 1개

[만드는 법]

1 겉감의 겉쪽에, 아래 그림의 위치대로 도안(p.65)을 옮기고 수를 놓은 다음, 4변에 시접 1.5cm를 남기고 재단한다.

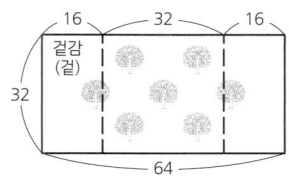

2 겉끼리 맞닿게 1번 접고, 창구멍 15cm를 남기고 박아서 잇는다.

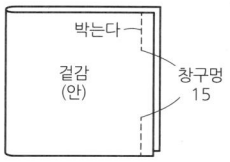

3 2의 솔기가 중앙이 되도록 접은 자국을 내고, 위아래 끝을 각각 박아서 잇는다. 시접은 지그재그 박기로 마무리한다.

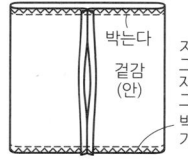

4 창구멍을 통해 겉으로 뒤집고, 쿠션 속통을 채운 다음, 창구멍을 감침질해서 막는다.

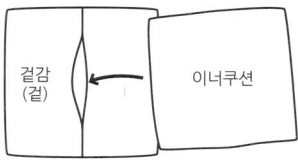

Silhouette of flower
가든 에이프런

Page. 21

[완성 사이즈]

54 × 56cm

[25번 자수실]

DMC 739 — 2묶음

[재료]

겉감: 리넨(핑크) — 75 × 60cm

끈: 리넨(핑크) — 50 × 4cm 2개 (어깨용)

— 90 × 4cm 2개 (허리용)

[만드는 법]

1 끈 용도의 천을 1cm 폭으로 3번 접고 박는다. 같은 방법으로 끈 4개를 만든다.

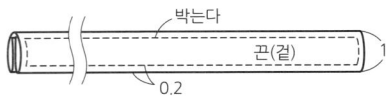

2 겉감은 아래 그림의 치수대로 각각 시접 1.5cm를 남기고 재단한다. 시접 1.5cm를 2번 접고 둘레를 박는다. 이때 밑단만 겉쪽으로 2번 접는다.

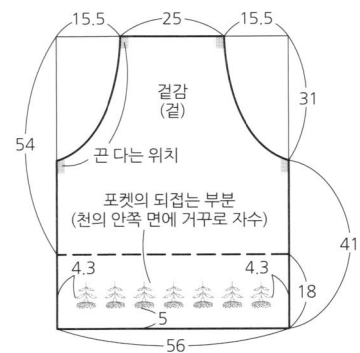

3 안쪽 면의 포켓 되접는 부분에 거꾸로 도안(p.65)을 옮기고 수를 놓는다.

4 수놓은 부분이 겉쪽이 되도록 18cm를 되접고, 양끝을 0.5cm 박는다.

5 4의 포켓 부분을 원하는 폭으로 박아서 막은 다음, 위 도안의 끈 다는 위치 네 곳에 1의 끈을 단다.

Coral
프레임 파우치

Page. 23

[완성 사이즈]

12 × 18cm

[25번 자수실]

DMC 347 — 3묶음

[재료]

겉감: 리넨(원사) — 30 × 25cm

안감: 코튼(베이지) — 30 × 25cm

폭 13.2cm 프레임 금속(6.3 × 13.2cm) — 1개

종이끈: 적당량

[도구]

목공용 본드

송곳 또는 일자드라이버

펜치

[만드는 법]

* 프레임 소품 만드는 법은 p.56 참조.

1. 겉감의 겉쪽에 도안, 안쪽에 패턴(p.92)을 옮기고 수를 놓은 다음, 시접 1cm를 남기고 재단한다.

2. 겉감을 겉끼리 맞닿게 1번 접고, 양옆과 바닥면을 재봉틀로 박아서 잇는다. 안감도 같은 방법으로 양옆과 바닥면을 박아서 잇는다.

3. 2의 겉주머니와 안주머니를 겉끼리 맞대어 창구멍 5cm를 남기고 주머니 입구를 박는다.

4. 3을 겉으로 뒤집고 모양을 정돈한 다음, 창구멍을 막으면서 주머니 입구 끝에서 0.2cm 되는 위치를 박는다.

5. 주머니 입구에 프레임 금속을 단다.

Floral pattern
헤어밴드

Page. 25

[완성 사이즈]

12 × 26.5cm

[25번 자수실]

DMC 3820 — 2묶음

[재료]

겉감: 리넨(그레이) — 30 × 50cm

밴드 부분: 리넨(그레이) — 10 × 30cm

폭 2cm 고무테이프 — 10cm

*크게 하고 싶을 때는 고무테이프를 길게 해서 조절한다.

[만드는 법]

1. 겉감의 겉쪽에, 아래 그림의 위치대로 도안(p.67)을 옮기고 수를 놓은 다음, 4변에 시접 1cm를 남기고 재단한다.

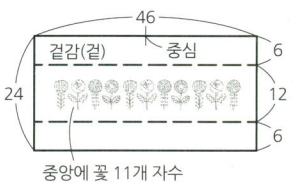

중앙에 꽃 11개 자수

2. 밴드 부분의 4변에 시접 1cm를 남기고 재단한다. 겉감과 밴드 부분은 각각 겉끼리 맞대어 통 모양으로 박고, 겉으로 뒤집는다.

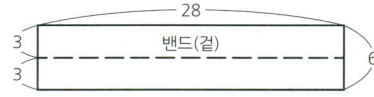

3. 겉감은 자수가 중앙에 오도록 모양을 정돈하고, 양끝을 2.5cm 폭으로 접어 시침핀으로 고정시킨다.

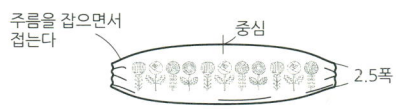

4 밴드 부분은 양끝 시접을 안쪽으로 접고, 2cm 폭의 고무테이프를 통과시킨다. 주름을 잡아 고무테이프 끝이 1cm 나오도록 해서 시침핀으로 고정시킨다.

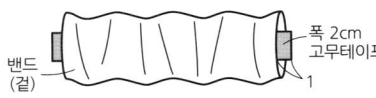

밴드(겉)
폭 2cm 고무테이프
1

5 3의 좌우 시접 부분과 4의 고무테이프 끝 1cm인 부분을 서로 마주보도록 겹치고, 박아서 고정시킨다.

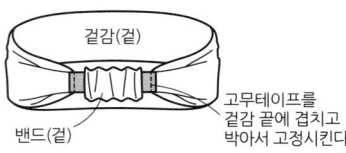

겉감(겉)
밴드(겉)
고무테이프를 겉감 끝에 겹치고 박아서 고정시킨다

6 밴드 부분을 5의 바늘땀이 감추어지도록 씌우고, 좌우 각각 감침질해서 막는다.

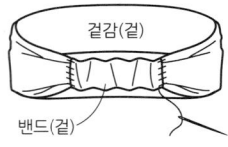

겉감(겉)
밴드(겉)

Ribbon
미니 프레임 파우치

Page. 27

[완성 사이즈]

7.5 × 8cm

[25번 자수실]

DMC ecru — 1묶음(진핑크 파우치)

DMC 3687 — 1묶음(그 이외의 파우치)

[재료] (1개분)

겉감: 리넨(흰색, 진핑크, 원사, 핑크 중에서 좋아하는 색) — 10 × 15cm 2장

안감: 리넨(좋아하는 색) — 10 × 15cm 2장

폭 6cm 프레임 금속(4.5 × 6cm) — 1개

종이끈: 적당량

[도구]

목공용 본드

송곳 또는 일자드라이버

펜치

[만드는 법]

* 프레임 소품 만드는 법은 p.56 참조.

1 겉감 2장의 겉쪽에 도안, 안쪽에 패턴(p.66)을 옮기고 수를 놓은 다음, 시접 1cm를 남기고 재단한다.

2 1의 겉감 2장을 겉끼리 맞대고, 주머니 입구를 제외한 양옆과 밑쪽을 박아서 잇는다. 안감 2장도 같은 방법으로 재단하고 박아서 잇는다.

3 2의 겉주머니와 안주머니를 겉끼리 맞대어 창구멍 3~4cm를 남기고 주머니 입구를 박는다.

4 시접 0.5cm를 남기고 재단한다. 다시 곡선을 따라 시접에 가위집을 넣어 예쁘게 곡선을 완성한다.

5 4를 겉으로 뒤집고 모양을 정돈한 다음, 창구멍을 막으면서 주머니 입구 끝에서 0.2cm 되는 위치를 박는다.

6 주머니 입구에 프레임 금속을 단다.

Herb garden
클로스

Page. 30

[완성 사이즈]

100 × 100cm

[25번 자수실]

A(원사): DMC 3362 — 9묶음

B(블랙): DMC ecru — 1묶음

[재료]

사방 100cm의 시판하는 리넨클로스(A 원사/ B 블랙) — 1장

[만드는 법]

A 클로스 전체에 도안(p.68)을 균형 있게 옮기고 수를 놓는다.

B 클로스의 네 모서리에 한 도안(p.68)씩 옮기고 수를 놓는다.

Blue tite
핀 쿠션

Page. 31

[완성 사이즈]

8 × 8cm

[25번 자수실]

A(네이비): DMC 3782 — 1묶음

B(원사): DMC 311 — 1묶음

[재료] (1개분)

겉감: 리넨(A 네이비/ B 원사) — 10 × 20cm

수예용 솜 - 적당량

[만드는 법]

1 겉감의 겉쪽에, 아래 그림의 위치대로 도안(p.70, 71)을 옮기고 수를 놓은 다음, 시접 1cm를 남기고 재단한다.

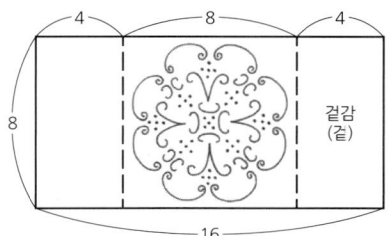

2 겉끼리 맞닿게 1번 접고, 창구멍 5cm를 남기고 박아서 잇는다.

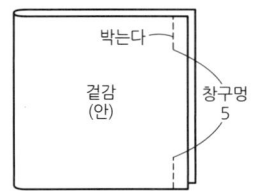

3 2의 솔기가 중앙이 되도록 접은 자국을 내고, 위아래 끝을 각각 박아서 잇는다.

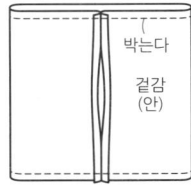

4 창구멍을 통해 겉으로 뒤집고, 수예용 솜을 적당량 채운 다음 창구멍을 감침질해서 막는다.

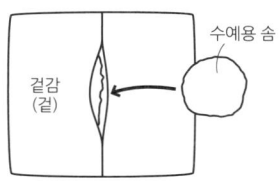

Birds and Tree 기프트 카드

Page. 33

[완성 사이즈]

15 × 10.5cm

[25번 자수실]

A(그린): DMC ecru — 1묶음

B(원사): DMC 500 — 1묶음

[재료] (1개분)

겉감: 리넨(A 그린/ B 원사) — 12 × 8.5cm

카드지: 두꺼운 종이(흰색) — 15 × 21cm

— 15 × 10.5cm

[도구]

칼

목공용 본드

[만드는 법]

1 겉감의 겉쪽에 도안(p.71)을 옮기고 수를 놓는다.

2 카드지의 큰 쪽을 그림처럼 반으로 접고, 오른쪽 반 중앙을 칼로 잘라서 창을 낸다.

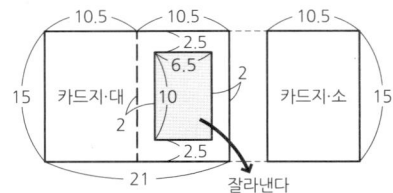

3 2의 창 중앙에 자수가 오도록 겉감을 뒤쪽에서 겹치고, 4변에 목공용 본드를 바른 카드지(소)를 그 뒤에 붙인다.

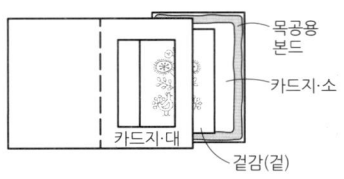

4 겹친 상태로 몇 시간 건조시킨다.

Snow crystal
보온 주머니

Page. 35

[완성 사이즈]

25 × 19cm

[25번 자수실]

DMC ecru — 2묶음(한쪽 면 분량)

[재료]

겉감: 리넨(그레이) — 30 × 25cm 2장
안감: 퀼트지(원사) — 25 × 25cm 2장
폭 0.3cm 벨벳리본(핑크) — 60cm 2개

[만드는 법]

1 겉감 2장의 겉쪽에 도안, 안쪽에 패턴(p.94)을 옮기고 수를 놓은 다음, 4변에 시접 1cm를 남기고 재단한다.

2 1의 겉감을 겉끼리 맞대고, 끈 통과 입구를 남기고 주머니 모양으로 박는다. 안감 2장도 재단하고 박아서 잇는다.

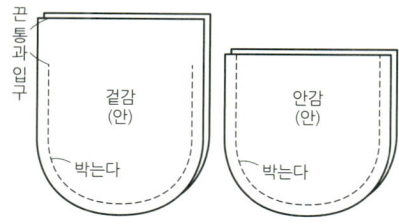

3 시접 0.5cm를 남기고 재단한다. 다시 곡선을 따라 시접에 가위집을 넣어 예쁘게 곡선을 완성한다.

4 3의 겉주머니의 끈 통과 입구 좌우 시접을 안쪽으로 접고, ㄷ자 모양으로 박는다.

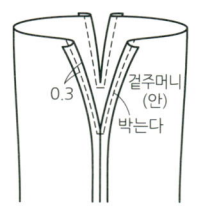

5 안주머니의 주머니 입구 시접을 안쪽으로 접은 다음, 안주머니에 겉주머니를 안끼리 맞닿게 넣는다.

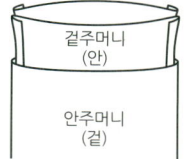

6 겉주머니의 끈 통과 부분을 접고, 안주머니와 겉주머니의 주머니 입구를 정돈한 다음 박는다.

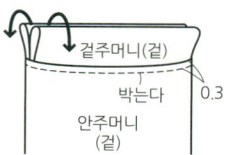

7 6을 겉으로 뒤집고, 끈 통과 부분 좌우로 벨벳리본을 통과시킨다.

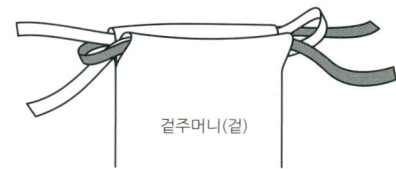

Paisley 파우치

Page. 37

[완성 사이즈]

21 × 14cm

[25번 자수실]

A(원사): DMC 3777 — 2묶음

B(붉은색): DMC ecru — 2묶음

[재료] (1개분)

겉감: 리넨(A 원사/ B 붉은색) — 45 × 20cm

안감: 리넨(좋아하는 색) — 45 × 20cm

폭 0.3cm 끈(자수실과 같은 색) — 50cm 2개

[만드는 법]

1 겉감의 겉쪽에, 아래 그림의 위치대로 도안(p.73)을 옮기고 수를 놓은 다음, 4변에 시접 1cm를 남기고 재단한다.

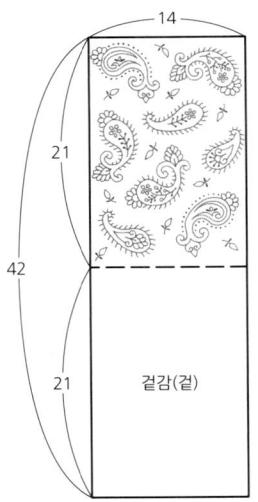

2 1의 겉감을 겉끼리 맞닿게 1번 접고, 양 옆을 박아서 잇는다. 안감도 같은 방법으로 재단하고, 창구멍 5cm를 내고 박아서 잇는다.

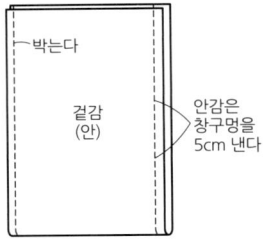

3 겉주머니와 안주머니를 겉끼리 맞닿게 겹치고, 주머니 입구의 중앙에 끈을 끼워 넣고서 주머니 입구를 박는다.

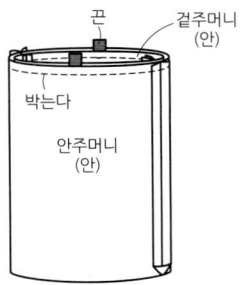

4 3을 겉으로 뒤집고 모양을 정돈한 다음, 창구멍을 감침질해서 막는다.

Small flower
브로치

Page. 38

[완성 사이즈]

4 × 7cm

[25번 자수실]

A(노란색): DMC 996 — 1묶음
B(그린): DMC 3687 — 1묶음
C(핑크): DMC 563 — 1묶음
D(파란색): DMC 224 — 1묶음

[재료] (1개분)

겉감: 리넨(A 노란색/ B 그린/ C 핑크/ D 파란색) — 10 × 20cm
띠: 리넨(겉감과 같은 색) — 10 × 3cm
수예용 솜 — 적당량
수예용 브로치 핀 — 1개

[만드는 법]

1 겉감의 겉쪽에 아래 그림의 위치대로 도안(p.74)을 옮기고 수를 놓은 다음, 4변에 시접 1cm를 남기고 재단한다.

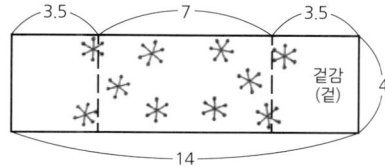

2 띠 용도의 천을 2번 접어, 1cm 폭의 띠를 만든다.

3 1의 양끝 시접을 안쪽으로 접고, 그 양끝을 중앙에서 겉끼리 맞댄 다음, 시침핀으로 고정시킨다.

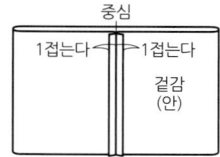

4 위아래 끝을 각각 박는다.

5 중앙 입구를 통해 겉으로 뒤집어 모양을 정돈하고, 수예용 솜을 양끝에 채운다. 중앙 입구를 감침질해서 막고, 중앙에 주름을 잡아 실로 빙빙 감는다.

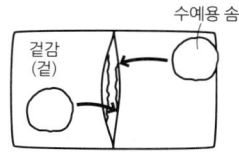

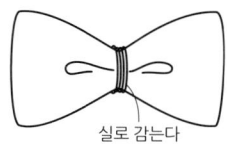

6 5의 중앙에 있는 실 위로 2의 띠를 2번 감고, 안쪽에서 꿰매 고정시킨 다음 브로치 핀을 단다.

Birds
오너먼트(장식)

Page. 39

[완성 사이즈]

8 × 14cm

[25번 자수실]

DMC B5200 — 1묶음

[재료] (1개분)

겉감: 헌 스웨터 — 10 × 20cm 2장

수예용 솜 — 적당량

비즈(흰색) — 2개

[만드는 법]

1 겉감의 겉쪽에 도안(p.74), 안쪽에 패턴(p.93)을 옮기고 수를 놓은 다음, 시접 1cm를 남기고 재단한다. 재단한 겉감 2장의 눈 위치에 비즈를 꿰매 붙인다.

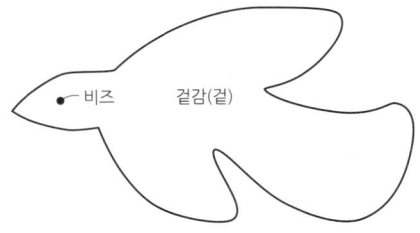

자수 도안은 Small flower(p.74)의 도안을 자유롭게 분산시킨다. 직선 부분은 아우트라인 S(3)로 수놓는다.

2 1의 2장을 겉끼리 맞대어 창구멍 3cm를 남기고 박는다.

3 창구멍을 통해 겉으로 뒤집고 모양을 정돈한 다음, 수예용 솜을 채우고 창구멍을 감침질해서 막는다.

Margaret
사셰(향 주머니)

Page. 41

[완성 사이즈]

11 × 6cm

[25번 자수실]

DMC B5200 — 1묶음

[재료] (1개분)

겉감: 리넨(블랙) — 25 × 10cm

폭 0.2cm 새틴리본(좋아하는 색) — 약 40cm

포푸리 — 적당량

[만드는 법]

1 겉감의 겉쪽에, 아래 그림의 위치대로 도안(p.72)을 옮기고 수를 놓은 다음, 시접 1.5cm를 남기고 재단한다.

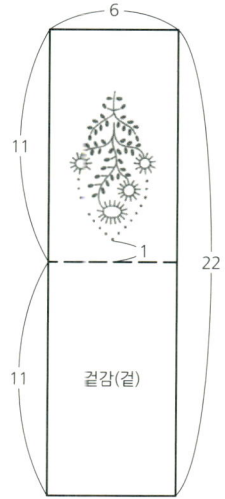

2 주머니 입구 부분을 2번 접고, 박는다.

3 2를 겉끼리 맞닿게 1번 접어 양옆을 박아서 잇고, 시접 0.5cm를 남기고 재단한다.

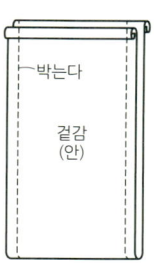

4 3을 겉으로 뒤집고 모양을 정돈한 다음, 양옆 끝에서 0.3~0.4cm 되는 위치를 박는다.

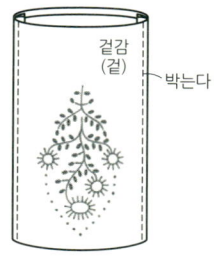

5 원하는 포푸리를 넣고, 주머니 입구를 폭 0.2cm 새틴리본으로 묶는다.

Whale
턱받이

Page. 43

[완성 사이즈]

24 × 22cm(목둘레 약 21~25cm)

[25번 자수실]

DMC 3819 — 2묶음

[재료]

겉감: 리넨(파란색) — 30 × 25cm
안감: 리넨(원사) — 30 × 25cm
지름 4cm 둥근 매직테이프 — 1쌍

[만드는 법]

1 겉감의 겉쪽에 도안, 안쪽에 패턴(p.95)을 옮기고 수를 놓은 다음, 시접 1cm를 남기고 재단한다.

2 안감도 겉감과 같은 방법으로 재단하고, 1의 겉감과 겉끼리 맞댄다. 창구멍 5cm를 남기고 박는다.

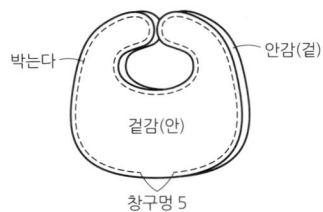

3 시접 0.5cm를 남기고 재단한다. 다시 곡선을 따라 시접에 가위집을 넣어 예쁘게 곡선을 완성한다.

4 창구멍을 통해 겉으로 뒤집고, 창구멍을 감침질해서 막는다.

5 매직테이프를 단다.

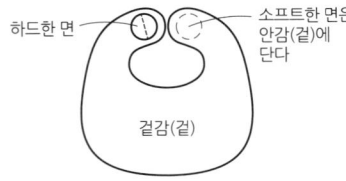

Dandelion
티셔츠

Page. 45

[25번 자수실]

A(그린): DMC 3820 ― 1묶음
B(핑크): DMC 502 ― 1묶음

[재료]

시판하는 아이용 티셔츠

[만드는 법]

티셔츠의 원하는 위치에 도안(p.72)을 옮기고 수를 놓는다.

Feather
베이비 드레스

Page. 47

[25번 자수실]

DMC 758 ― 3묶음

[재료]

시판하는 베이비 드레스

[만드는 법]

베이비 드레스의 밑단 원하는 위치에 도안(p.75)을 옮기고 수를 놓는다.

〈 패턴 〉

Botanical garden
프레임 파으치
Page.56

◎ 200% 확대
◎ 수놓는 법은 p.58

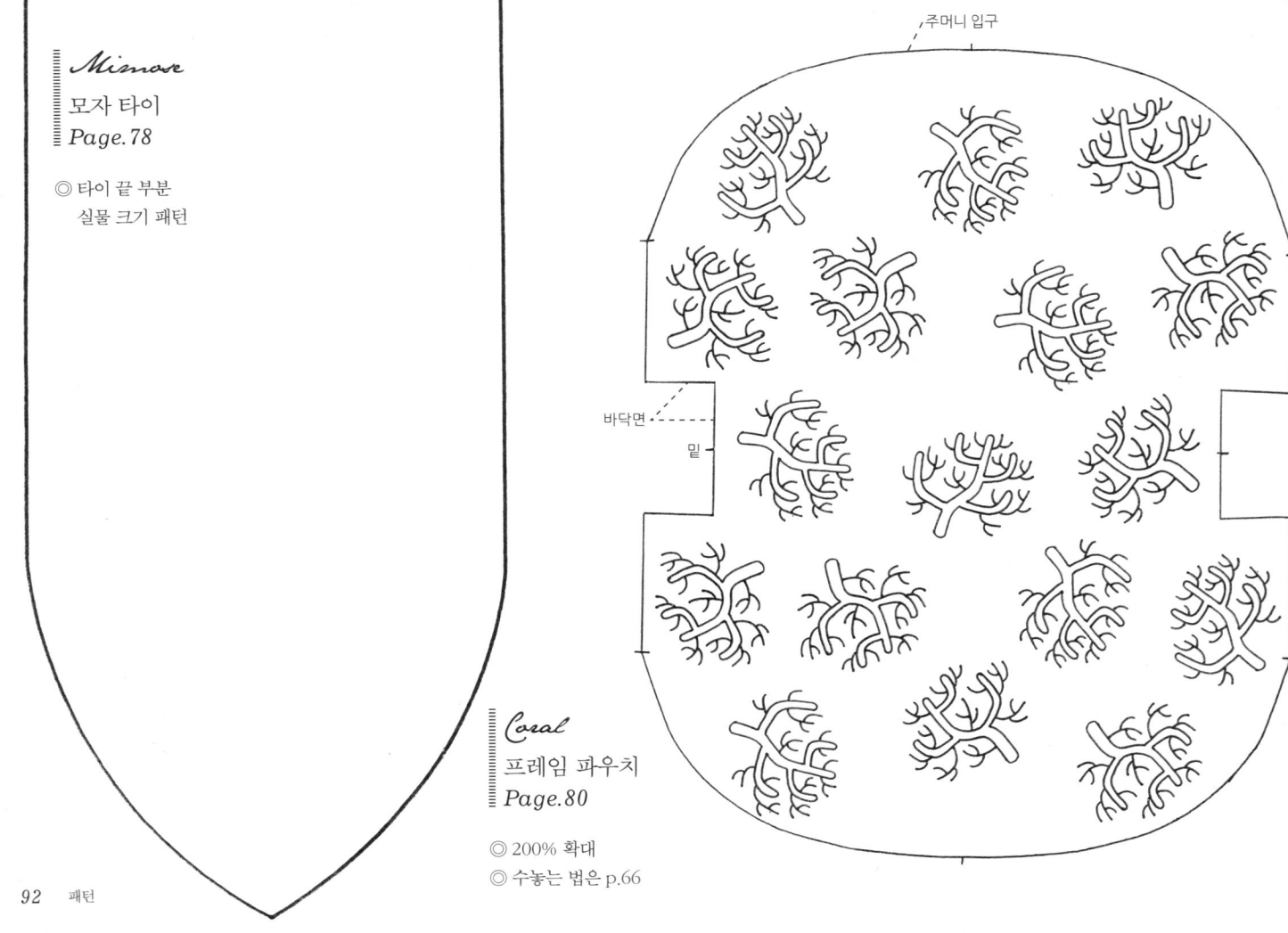

Mimose
모자 타이
Page.78

◎ 타이 끝 부분
  실물 크기 패턴

Coral
프레임 파우치
Page.80

◎ 200% 확대
◎ 수놓는 법은 p.66

Snow crystal
보온 주머니
Page.85

◎ 200% 확대
◎ 수놓는 법은 p.72

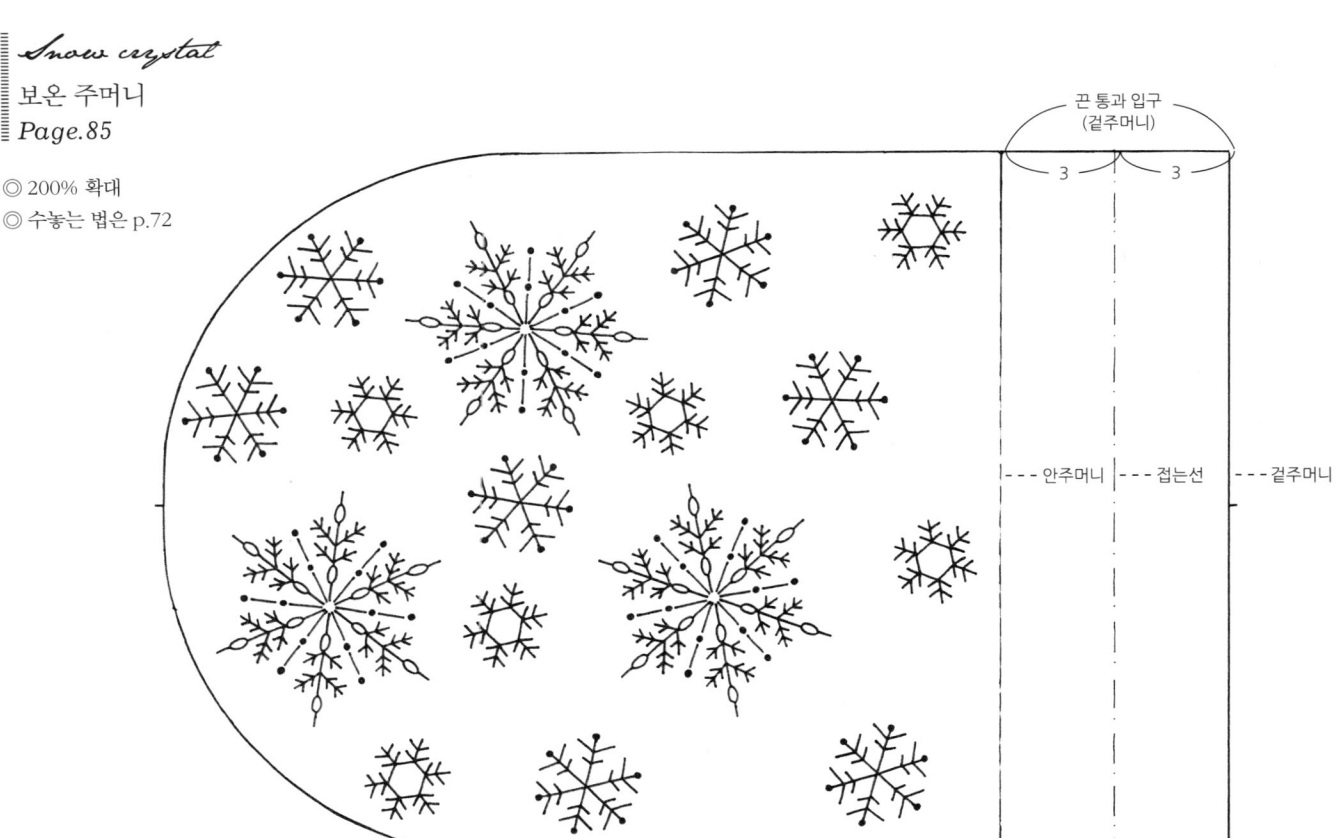

Whale
턱받이
Page.89

◎ 200% 확대
◎ 수놓는 법은 p.75

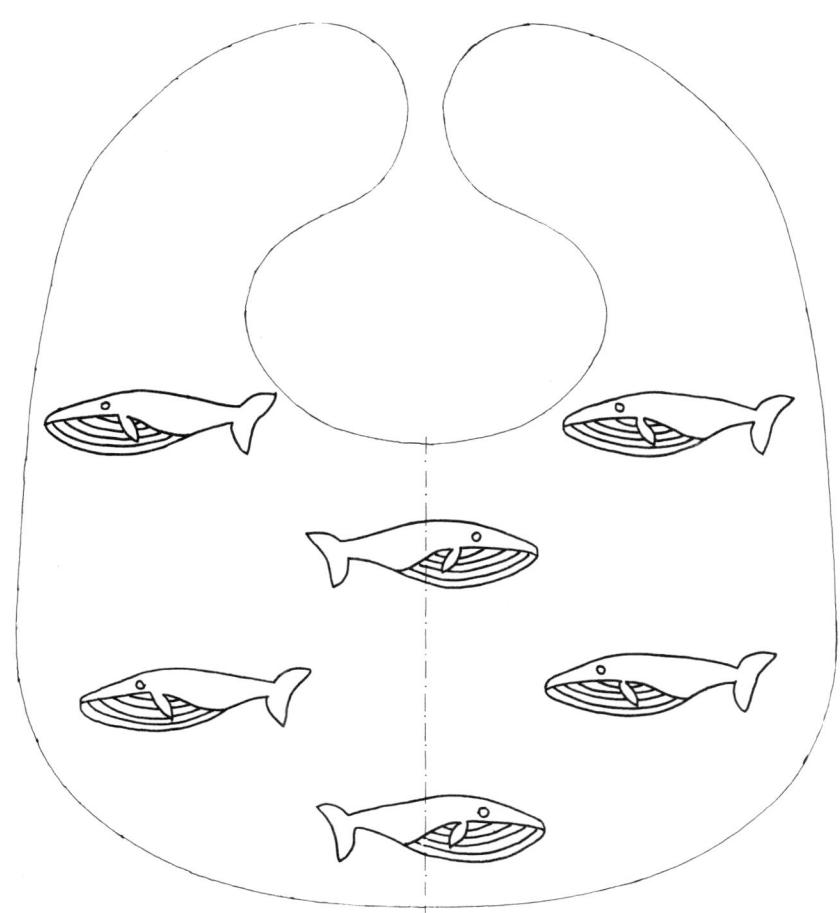

1-SHOKU SHISHU TO CHIISANA ZAKKA
Designed and made by Yumiko HIGUCHI
Edited by BUNKA PUBLISHING BUREAU
Copyright ⓒ 2013 by EDUCATIONAL FOUNDATION BUNKA GAKUEN BUNKA PUBLISHING BUREAU
First published in Japan in 2013 by EDUCATIONAL FOUNDATION BUNKA GAKUEN BUNKA PUBLISHING BUREAU, Tokyo
Korean translation rights arranged with EDUCATIONAL FOUNDATION BUNKA GAKUEN BUNKA PUBLISHING BUREAU, Tokyo
through Japan Foreign-Rights Centre/ Shinwon Agency Co.

이 책의 한국어판 저작권은 신원에이전시를 통한
EDUCATIONAL FOUNDATION BUNKA GAKUEN BUNKA PUBLISHING BUREAU와의 독점 계약으로 도서출판 이아소에 있습니다.
저작권법에 의해 한국 내에서 보호를 받는 저작물이므로 무단 전재와 므단 복제를 금합니다.

북디자인 Kana Tsukada(ME & MIRACO)
촬영 masaco
스타일링 Kaori Maeda
헤어 & 메이크업 KOMAKI
모델 Rachel McMaster(Sugar & Spice)
트레이스 & DTP Yuko Tsuchiya(WADA)
교열 Masako Mukai
편집 Mariko Tsuchiya(Three Season)
　　　Tomoko Nishimori(BUNKA PUBLISHING BUREAU
일본어판 발행인 Sunao Onuma

1색 자수와 작은 소품

초판 1쇄 발행 2014년 10월 15일
초판 7쇄 발행 2019년 1월 20일

지은이 히구치 유미코
옮긴이 황선영
감 수 문수연
펴낸이 명혜정
펴낸곳 도서출판 이아소

등록번호 제311-2004-00014호
등록일자 2004년 4월 22일
주소 04002 서울시 마포구 월드컵북로5나길 18 1012호
전화 (02)337-0446 **팩스** (02)337-0402

책값은 뒤표지에 있습니다.
ISBN 978-89-92131-86-5 13590

도서출판 이아소는 독자 여러분의 의견을 소중하게 생각합니다.
E-mail : iasobook@gmail.com